NUMBERS
Tracing Book
1 - 50

This Book Belongs To:

5 5 5 5 5 5 5

5 5 5 5 5 5 5

5 5 5 5 5 5 5

13 13 13 13 13

13 13 13 13 13

13 13 13 13 13

14 14 14 14 14

14 14 14 14 14

14 14 14 14 14

15 15 15 15 15

15 15 15 15 15

15 15 15 15 15

16 16 16 16 16

16 16 16 16 16

16 16 16 16 16

17 17 17 17 17 17 17 17

17 17 17 17 17 17 17 17

17 17 17 17 17 17 17 17

18 18 18 18 18

18 18 18 18 18

18 18 18 18 18

19 19 19 19 19

19 19 19 19 19

19 19 19 19 19

21 21 21 21 21 21 21

21 21 21 21 21 21 21

21 21 21 21 21 21 21

24   24   24   24

24   24   24   24

24   24   24   24

25 25 25 25 25

25 25 25 25 25

25 25 25 25 25

3 3 3 3 3 3 3 3 3 3

3 3 3 3 3 3 3 3 3 3

3 3 3 3 3 3 3 3 3 3

35 35 35 35

35 35 35 35

35 35 35 35

H H H H H

H H H H H

H H H H H

43 43 43 43

43 43 43 43

43 43 43 43

J J J J J J J J

J J J J J J J J

J J J J J J J J

45 45 45 45

45 45 45 45

45 45 45 45

46 46 46 46

46 46 46 46

46 46 46 46

48 48 48 48

48 48 48 48

48 48 48 48

49 49 49 49

49 49 49 49

49 49 49 49

50 50 50 50 50

50 50 50 50

50 50 50 50